世界に類のない美しい日本語の力が世界を変える！
あなたの無限の能力を推進する讃辞苑！

讃辞苑

言葉が脳と心に愛と喜びと感動を与え
令和（美しき平和）の世界をつくる珠玉の言葉集

宮崎英二著

(株)竜王文庫

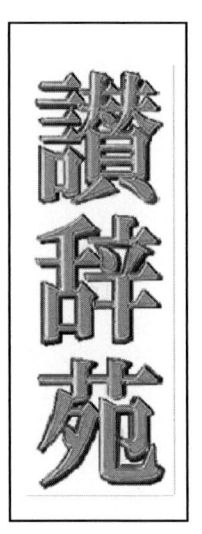

はじめに

幸福と健康と成功をめざして生きようとする私たちは、２０世紀の生き方「地位と名誉と財産を目指す」だけではなく、心の幸福度を高めることに向かっていく必要に迫られています。

そのためには自他の心に感動や喜びを与える言葉を欠かすことができません。従来使用してきた会話法では、心に響くことが少なかったため、すれ違いや仲たがいが絶えませんでした。このような理解を深めるところから、愛と喜びの力を持つ用語を使うことにより、生き方や人生観が変わり、人間関係がスムースに営まれ、無限ともいわれる生得の能力が開花し、脳も身体も向上・成長することがわかってきました。

しかし、困ったことに、人生の通り道に人間関係のトラブルがついてまわり、それがストレスとなって身体や精神の不調を生み出すこととなります。そのトラブルにうまく対処して収束することができれば、向上・成長という果実が手に入るのですが、対処できずにネガティブな感情を内に抱いてそのハードルを越えることができないとき、一般的に言われる生活習慣病になる場合がよくあります。

小さなトラブルから発生したネガティブな感情（第一感情）であっても、その感情が蓄積すると、大きなエネルギーとなって爆発することになります。これが怒りという第二感情です。

怒りは、ものごとを早く解決するにはいい手段であるかもしれませんが、決してよい結果を生み出すものではありません。なぜなら、怒りを発した側も、ぶつけられた側も両者ともに、心地よい幸福感や喜びは訪れることはなく、むしろ反感や敵意を増幅させ、不幸感を生じさせることになるからです。

日常に起こる何気ない小さなできごとのなかに、第一感情になる「何か」が潜んでいます。その「何か」は、人とかかわる中で百面相のように姿を変えて現れるので、その正体を見極めるのは至難のワザかもしれません。しかし、柔軟な思考法で謎解きをし、「あなたが一番」や「賞讃の言葉」を使っていくと、その「何か」の本質が見えてくるのです。

そうした問題をどうすれば解決できるのかを模索してきた中で、最大の原因は使い慣れたネガティブな言葉であり、それに気づかないまま生きてきたことということがわかってきました。そして、そのネガティブな言葉をポジティブに変えることをテーマにしたフィールドワークが、ハピネス心理学だったのです。

ハピネス心理学のトラブル・シューティングや人間関係のエクササイズは、受講者やクライアントから寄せられた実例をもとに、出来事（事象・現象）にとらわれることなく、本質（内面）の部分に焦点を当てて、その感情の解放や、心の癒しへの技術を探求し、トラブルが喜びに変換して収束する解決法を生み出すことができました。これまでの約２０年のハピネス心理学の実績を基に作成された『讃辞苑』は、【ほめて認めて勇気づけ】＋【あなたが一番】＋【賞讃の言葉】を一言で表わす言葉として名づけました。

もくじ

第1章　言葉はミラクルを起こす＝フロイト

心理学の祖フロイトは「古代の人は“言葉はミラクルを起こす魔術だ”と思っていたが、現代でもそのの魔力を十分に保存している。私たちは言葉の力によって他人を喜ばせることもできれば、絶望の地獄に陥れることもできる」（精神分析入門序論）

日本では、古来、声に出した言葉は現実の事象に影響を与えると信じられ、発した言葉の良し悪しによって吉事や凶事が起こると信じていました。

「事靈の佑（さき）はふ國ぞ福（さき）くありとぞ」（柿本人麻呂）

「五大にみな響きあり、十界に言語を具す」（空海上人）五大とは地、水、火、風、空という現実世界に具体的な形をとって存在するものすべてのこと。この世に存在するものはすべてみな響きとつながっていて、地獄から仏の世界まですべての世界は、本源的な言語からなっていると説きました。

聖書では「ヨハネによる福音書」に「はじめに言葉ありき・・・創世は神の言葉（ロゴス）からはじまった。言葉はすなわち神であり、この世界の根源として神が存在する」

神が万物を創世したといわれますが、ものを作るときには言葉がなければ、星や地球や山や川はつくれないのです。たとえばことばを知らない幼児に粘土を渡して遊ばせると、ただこねまわすだけで形になっていきませんが、四角ということばを知っている子供に「四角を作って」というと、四角形を作ろうとしますし、「丸いボール」とか「長い棒」というとその形が現れてきます。またイメージを沸き上がらせようとするときも、言葉によって鮮明に浮かび上がってくるのです。たとえば「花」というより「真紅のバラの花束」と言えば、リアルな花束が浮かんでくるように。

人が動くのは、頭脳で言葉が回りだして行動に変換され組み立てられるわけですから、相手が動こうとする動機づけとなる喜びの言葉をかける・・・喜びを味わうと、脳内で幸福物質と呼ばれるドーパミン、セロトニン、オキシトシンなどの化学物質が分泌されます。これらの物質は心と体の健康や安定に寄与し、また新たな喜びを求めるようにもなるのです。

２０世紀初頭の碩学ルドルフ・シュタイナーは、人間が生まれる前に神の国で「完全な設計図を描いて生まれてくる」という教えを説いています。また２００６年に産婦人科医の池川明博士は「胎児の記憶」「かみさまとの約束」などの論文や著作で、大脳の働きによる記憶ではない記憶を発表し、世界の医学界や心理学の世界に衝撃を与えました。

その中に、生前にすでに言葉を用いて、自分の意思でこの世に生まれてきて、その設計図とおりに生きようとする子どもたちの会話などが映像として記録されています。これはまさしく言葉力そのものだと考えられます。

アインシュタインやモーツァルトなどの天才といわれる人たちは、そうした何かの言葉力が次々に降りてきて、数式や音符という言語に変換されたと「頭脳の果て」（きこ書房刊ウィン・ウェンガー博士）は著しています。

ほめ讃え言葉の力はまさにミラクルを起こす偉大な力を持っています。できれば幼児期にいっぱい聞かせてあげたいのですが、それは高齢者にも共通するものですから、年齢や性別にかかわらず身近な人や日常に出会う人にも讃辞苑ワードを発信し続けていただきたく思います、

天才と言われる人たちは楽しいことや関心のあるものに向かうとき、未来の希望に向かって、喜びややる気を高める言葉をシャワーのように浴びせていたからに違いありません。讃辞苑ワードはそんなことをイメージして作成しました。

讃辞苑のめざすもの

本書は「ほめて認めて勇気づけ」や「愛と喜び」などの言葉コレクションで、「ほめ言葉」ではありません。「ほめる」という動詞は出来事や現象を見て称賛する条件付きの言葉ですが、讃辞苑で綴る言葉は、内面や全体またスピリチュアルな部分にまで視野を広げて、対面する人に喜びや希望・感動をもたらす単語や小文節で構成したものが「讃辞」で、それを集めたものが「讃辞苑」です。これらの言葉を発信することにより次のような成果を獲得することが可能になります。

＃　言葉は人を幸福にも不幸にもすることができる。

＃　人に喜びを与える言葉を学び発信を続ける。

＃　人間関係でトラブルが起きなくなる。

＃　頭脳の働きや集中力が向上する。

＃　身体機能が向上・成長する。

＃　高い目標に向かって挑戦を続けることができる。

＃　怒りはポジティブな意欲に変換される。

＃　返報性の原理を利用して感情を逆転する。

＃　どんなトラブルでも喜びに変えて収束する。

＃　ユーファーストの立ち位置で発言する。

＃　自己肯定感ややる気が向上する。

＃　人生と仕事の成功を享受できる。

＃　平和と幸福な社会が形成される。

讃辞苑ワードの成功事例（1）

01　絶体絶命のピンチからの失地回復！

ＩＴコンサル　坂田涼太さん　神戸市

坂田さんはＩＴの会社経営者です。お得意先のコンピュータの入れ替えの際、自分のミスでクライアントの社長個人のＰＣのデータが消してしまいました。何度も修復を試みても、ＰＣのメーカーの専門家に相談しても、復旧は無理とわかり、社長に平身低頭で謝ったのですが、4年分の大切データだ。なんとかしろ！と激怒され、謝って済むなら警察はいらないと、取り付く島もない怒りを浴びせられました。

そして、どうしようもないのなら契約破棄、損害賠償してもらうと最後通告を受けました。もうどうしようもないピンチです。

この相談は、出来事としてはもう修復できないところまで来ているわけですから、たとえ土下座して謝っても許してくれる可能性はほとんどゼロなのです。また罰金を払ったところで、怒りや恨みのような感情は消し去ることは無理なのです。

被害を受けたクライアントの社長の胸中には、このイライラやムカムカの感情、また期待を裏切られ、信頼出来なくなったという虚しさ、そして怒りや苦悩などの抑えきれない感情がどうにもならないような状態にあるのです。怒りの爆発は、出来事と心（感情）の状態がごちゃまぜになっているときに起こります。これは社長だけでなく坂田さんの方も同様の混乱状態で、思考～言語～判断の能力が混沌として機能しなくなります。だから、話し合いでも無理、怒りでぶちのめしたい感情を爆発させたところで解決になるはずもなく、裁判で決着をつけようということになるのですが、それで心（感情）が整理されて両者が喜び合うことになるかといえば、決してなることはありません。怒りや不満や残ったままになるのです。

さて、坂田さんのこの問題に関してどうすればいいのかを説明しました。まず出来事にとらわれず感情に焦点を当てて考えていきましょう。相手の心に響く言葉は何か？です。そして相手は大物であり私は小物、あなたが一番という立ち位置で文章を作っていきましょう。できるだけ短い文章で作成しください。という提案をしました。坂田さんはその原案をメモして、自宅に帰ってまとめられました。

「初めて出会った時から、知性と教養と天才的な能力に驚きました。そして命を削って仕事に打ち込まれる男らしい姿に感動し、誰からも信頼され、尊敬される器の大きいお方だと感心しました。そんなすごい社長さんから仕事の依頼を受け、光栄の至りでした。今回その期待に応えられない私はなんてダメな人間だと思い知りました。

社長さんのことを今でも大尊敬し、未来もずっと尊敬し感謝し続けなければならないと心底思っております。

かなえられることなら、社長さんに一歩でも近づけるよう 学び直すために弟子入り、修行させて頂きたいと思いました」


この原稿を書いているとき、この文章で社長さんを怒らせるようなことがあるかもしれないと思いつつ、何度も読み直しているうちに、ひょっとしたら？ ひょっとするかもしれない・・・。もうこれしかない！もうやるしかない！ここで引き下がっても、解決はなく単なる逃避しかないわけだから、天から与えられた試練だと自分に言い聞かせて、思い切ってメールを送信しました。

すると30分もつうちにしないうちに、メールの返信が来ました。その内容は・・・。

「話したいことがあるので、明朝10時に会社に来てほしい」ということでした。

次の日・・・ あり得ないことが起きたのです。

午前10時、社長の顔には怒りはなく、静かに語り始められました。

「私は君の言うような天才でもなく。器の大きな人間でもない。裁判に訴えることはしたくない。揉め事を引きずりたくない。データの修理は無理だとわかっている。そこで提案だが、断片の記憶とかノートや他のPCの資料を集めて再編集するのを手伝ってほしい。そして、来年の仕事もあるので契約を継続しましょう。」

私は思わず「えっ、本当ですか？」と大声で叫んでいました。そして感激のあまり涙が出て止まりませんでした。昨日の夕方までは、信用はゼロ、会社は破滅、もうお先真っ暗。心はすっかり落ち込んでいました。絶対不可能と思っていたことがドンデン返しになったんです。

★怒る人は意欲的！

怒る人に「ごめんなさい」「すみません」を連発すると、怒りが収まるかと言えば、ほとんどの場合、怒りのエネルギーが高まってしまいます。その理由は、「こちらの気持ちがわからんのか！」とか「謝って済ますつもりか！」という思いが強いということと、私はもっと尊敬されるべきだ、私はもっとほめられるべきだ、私を認めるべきだなどの意欲が飛び切り高いなどの感情がそうさせているからなのです。

もし、あなたが怒りそうになったとき、「私はなんて意欲的な人間なのか」とつぶやいてみてください。怒りという感情は消えて、ポジティブな意欲的なあなたが、表面にでてきて驚かれると思います。

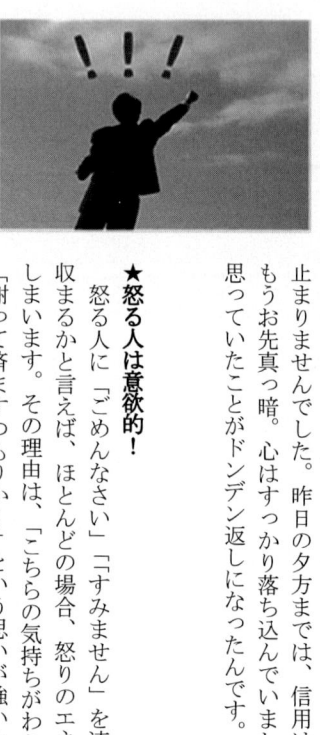

讃辞苑ワードの成功事例（2）

02　割れたタマゴ

岡山市　斎藤マユコさん

友人のAさんから、無農薬野菜と地鶏のタマゴを送りましたのでご賞味くださいと連絡がありました。自宅に帰ってパッケージを開けて見ると、3種類の野菜と、タマゴが入っていたのですが、10個のタマゴのうち1つが割れていて、箱の底にタマゴのとろりとした白身が流れ出ていました。普通ならタマゴを保護するクッション材で割れないようにパッケージされているのですが、ゆるゆるガサガサで野菜とともに入れられていたので、割れるのは当たり前という感じです。

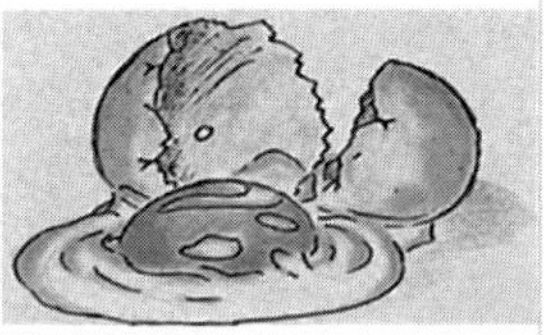

これを発送したのはどんな業者なのかと伝票を見ると農協系のコープと印刷されています。こんなこと素人の私でもわかることなのに、専門家の人がこんなケアレスミスをするのかとイラッとしました。せっかく愛と善意で贈ってくれたAさんの気持ちを踏みにじることになるのですから・・・。

こんな場合、文句をいうべきか一瞬頭をかすめましたが、いやいやそうではなく、相手に喜びを与えるハピネス的解決は何?どんなほめ言葉を使えばいいのか?ということで。セミナーの5人のみなさんのお知恵を拝借して、手紙を書くことになりました。

農協コープさまへの手紙

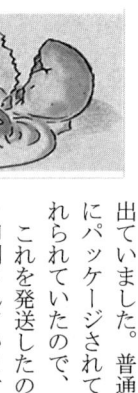

●前略、農協コープ様。知人Aさんから安心でおいしい無農薬野菜を送っていただき、わくわくしながら箱を開けました。すると、肥沃なご当地で生まれた元気なタマゴちゃんが、初めての旅に出て、よほどうれしかったのか、はしゃいで遊び過ぎたのか1個のタマゴちゃんが割れていました。他のタマゴちゃんたちも一緒に遊んでいたのでしょうが、他の子たちは、ちゃんと席にお座りしていました。さすが、コープさんの申し子はきちんと行儀良い作法をご存じなのですね。

次に旅に出る時は、割れたり傷つかないように、また事故に巻き込まれても大丈夫なように、レースの服を着せてシートベルトを締めてあげて下さいね。

暴れん坊のタマゴちゃんが1個割れていただけなので、送り主のA様にはお伝えしていません。A様はとてもやさしくて賢くて心のあたたかい方で、いつもなにを贈るか、お店の方と相談して決めていると言われていました。そんな風に気軽にお店の方と相談できるなんてすばらしいと思います。コープ様は多くのお客様や生産者の方から慕われ、信頼されていらっしゃるのでしょう。

1個のタマゴちゃんのおかげで、私はとても良い勉強をさせていただきました。そして自然のシステムから外れない、正しい農法で作られた美味しい無農薬野菜を堪能いたしました。野菜やタマゴちゃんはどの子も生き生きと元気で、光り輝いていて、滋味あふれる深い味わいで、感動いたしました。コープ様の精神性の高さが表れていますね。日本の未来を背負って立つ、愛あふれる方ですね。そんなコープ様を私は心から尊敬していますし、応援しています。

コープ様の掲げておられる「健康で平和な街をつくるために愛と喜びのある農産物つくり」

という構想も素晴らしく、とても心強いです。いろいろな繋がりの中で、新しい健康で住みよい世界を作っていけたら幸いです。

・・・・・・

文章を作りながら、私のハートが喜んでいてハートがあたたかくなってきました。これを受け取ったコープの担当者や管理職の方もきっとニコニコしながら読まれて、みんなにこれからは、こういう事故がおきないようにと広報される姿が浮かんできました。マユコ

讃辞苑ワードの事例（3）

03　パスタ名人のNGワード

安川正樹さんの謙虚な言葉

【ちょっとした失敗に、どんな言葉がけをすればいいのでしょうか？】

同好会のメンバーのひとり安川さんは、パスタ料理店のオーナー。今は長男さんがシェフをされています。自らもパスタの名人で、同好会は安川さんが出席の場合は、かれの特製パスタが用意されますのでいつもに増して参加者が増えます。

参加者の8割が女子です。他の会などでもそうなんですが・・おいしいものには目がないというか、食べ物には貪欲です。※これも女性が生き延びるための無意識の選択をしているので

しょうね。だから長生き・・・さもありなんです。

パスタ名人安川さんが、テーブルにセットして、

「今日はソースをからめるときにちょっと失敗したのですが・・」と前置きして、素材と作り方を説明されました。

安川さんはプロとして、ほんの少し不満があったのでしょう、だから「ちょっと失敗」と言われたのに違いないのですが、このメンバーは気の置けない仲間だから、控えめな言葉として使われたのです。しかしあまりいい言葉であるとはいえません。なぜなら食べる側は「きっと最高の素材と技を使って、最高の味の料理を期待している」に違いありません。そこに「ちょっと失敗」というニュアンスの言葉が聞こえてきたら、食べる前に脳にインプットされることになるからです。では、この場合においしく食べてもらえるようにするにはどんな言葉がいいのでしょうか。

このことをテーマにしてハピネスの教室のみなさんに質問しました。

「こんなとき提供者はどんな言葉でお客さまに出すのがいいのでしょうか?」

それぞれが思いついたことを発言します。
① 素人の人にはわからないから黙って出す。
② 素材の説明を詳しくして目先を変える。
③ 新しいスパイスを使ったから・・とか、技術を説明する。
④ 本場ではこのような作り方をしていると説明する。

⑤　このキッチンではレストラン並みの料理を作るのは大変ですと説明する。

⑥　昨日からみなさんにおいしく食べてもらうように考えてきました。

――いろいろ出てきましたね。かなりいい言葉を考えられましたが、まだ、どれをとってもちょっと力不足です。なぜなら、お客様が一番であるというほめ言葉がないからです。もうちょっと突っ込んで言葉を考えてください。

「えーっと。それはたとえばこんな言葉でしょうか？」クラスのメンバーは考えて

①　みなさんは味や調理法などに詳しいでしょうね。

②　味を見分ける味覚の力は鋭いでしょうね。

――なるほど、そうしてお客様をほめるのですね。そこまで来たら、もう一息押してください。

「はい！こんなほめ言葉がひらめきました」

――え、それはどんな言葉ですか。

「お口の肥えたお客様のために、心を込めて作らせていただきました。お食べになって感想をお聞かせください」

――おお、すごい。お客様はどんな人でも、たとえ友人であっても「私は味にうるさいよ」という自負があります。なぜなら、生まれてから今日まで、毎日いろんなものを食べて、食べるのが大好きで、嫌いという人はだれもいないからです。ですから、「お口の肥えたお客様」とプロの人に言われると、自分を認められたという満足感が高揚し気分がよくなります。気分がよくなると、自分だけでなく相手を喜ばせようとする気分になり、さらに大胆にもなる習癖があって、どんな料理でもおいしく感じるようになります。

ですから「お口の肥えたお客様」と言われると「認められたという満足感」が湧き上がり、さらに「感想を聞かせてください」と言われると、反射的にポジティブな言葉が使われるようになります。

★控えめな言葉、謙虚な言葉はへりくだった姿勢でいいといわれていますが、それでは上気分～上機嫌にはなれないでしょう。そのためには、讃辞ワードで相手を認めてほめて感謝して、心に喜びに至る言葉が必要です。これは家庭の中でも同じです。

■第2章　讃辞苑の目的

私たちは自己の生命を維持・発展させようとする力を持っています、それは地球上のすべての生物が持っている自己保存という「本能」です。わかりやすく言えば「自分が1番」であり、「自己中」であり、生き延びるためには、戦うか逃げるかの手段を選ばないということです。それがちょっと行き過ぎて、人間関係がうまくいかなくなることもあり、戦ったり、逃避したり、ガマンを続けたりします。それはネガティブな感情を蓄積することになります。

人間関係が悪くなったり、感情が爆発して問題行動を起こしたりすることはそうしたことが原因になって表れます。人間の不幸はここから始まっていきます。平和と幸福と成功の人生を創出するためには、これらの元凶を開放・除去することが必要です。

讃辞苑のハッピーワードを使って、核心的な本能に愛と喜びを与えると、隠れていた未知なる天才的な能力が芽を吹き出して、理想の果実がたわわに実ること・・・それは愛と喜びと平和な人間関係を形成することが目的となります。

01　人は皆、天才的な能力をもっている

歴史に名を残す天才は、乳幼児期にその才能があったと言われることが伝記に書かれています。しかし案外その時期はふつうの赤ちゃんであったり、ふつうの幼少期であった人も散見されるようです。また、両親のどちらかが天才であると、その子はもっとすごい天才になるか

というと、そういう超天才家系は世界的に見ても、見当たらないのではないでしょうか。もし、そういう血統の家系があるとすれば、プラトン、ダヴィンチ、モーツアルト、ベートーベン、シュバイツアー、エジソン、空海、紫式部、織田信長、雪舟、北斎、与謝野晶子、松下幸之助など、またスポーツの世界記録を出した人などの天才の子孫は、超々天才として世界的に知られる存在であるはずですが、インターネット情報を探っても耳目に触れることはありません。

近年の脳科学で、脳の細胞の数は天才の人とふつうの人、また障害のある人に関係なく約140億個であり、その発達過程でニューロンの先端のシナップスと樹状突起の成長の度合いが違うのだと言われるようになりました。そして、それは年齢に関係なく成長し続けることがわかってきました。

これを拡大解釈すると、ごくふつうの才能の持ち主が、良き指導者や、サポーターによる指導や環境つくりをして、才能をのばすことができれば、だれもが天才的業績をあげることができるかもしれません。

02 天才と幸福は、より良いほめ言葉から生まれる

人生は「忍耐」「努力」「根性」「苦労」を乗り越えなければ幸福や成功はない！と教えられてきましたが、よく考えてみると、どれもこれもしたくないことばかりで、わざわざその道を選んでいくことはないのではないでしょうか。うがった見方をすれば、これは支配者が楽をするために従属者に「もっと働け」「もっと苦しめ」「死ぬ思いで働け、そうすれば幸福になれる」

ということをいかにもなるほどと思わせる教育論のように感じられます。

２０１７年に厚労省が「愛のムチゼロ作戦」を提唱し、全国の自治体や学校や企業に通達しました。これは脳科学者の友田明美博士のハーバード大学での研究論文の中の「罰と脅し、暴力で子どもの前頭葉が１９％委縮する」データを掲載して、言葉と罰と暴力が子どもの脳を破壊することへの警鐘を鳴らしました。

２０１０年にＵＣＬＡ大学のブルース・ドプキン博士は身体障碍者のリハビリで歩行速度がほめることで約２０％も向上することを発表されたり、エール大学のジョン・バーグ教授が学生にほめ言葉で喜びを与えたグループはふつうに歩くスピードが約１５～２０％早かったということが発表されています。

またほめることで会社の営業成績が上がり、遅刻や欠勤が少なくなったとの情報もマスコミなどで再三取り上げられています。

しかしながら、どんなほめ方をしたらいいのかについては、まだほとんど研究されていないようで、一般的には外見や実績、また持ち物や行動という出来事視点（事象・現象など見えるもの）からのほめ言葉を伝えることがほとんどで、失敗をほめる言葉、尊敬に値しない人をほめるとか、内面（心の奥底）にまで響く言葉は、チャットＧＰＴで調べて見てもどこにも見当たらないのです。

ということから、ほめて認めて勇気づけの言葉の研究を始め、これまでに収録したほめ言葉の組み立てた文体を作成したのがこの讃辞苑となりました。これらの讃辞苑ワードを活用すると、内面の喜びが頭脳・身体を活性化し、健康と幸福につながること、それと同時に周囲の人たちへの影響もスパイラルとなることがわかってきました。

■第3章　心に喜びを‼ハッピーワード100選

子育てに悩んでいるAさんに「お子さんにどんなほめ言葉を使っていますか。ノートに書いてください」と問いかけると、はじめのうちはすらすら書けても10個くらいまでいくと、その勢いは鈍っていきます。そしてなんとか20くらいまで書いて、止まってしまいます。その反対に「それでは、注意したり、批評や批判、また叱る言葉を書いてください」というと、その2倍も3倍もどんどん書けることに気がつき「あらら、こちらはまだまだいくらでもありそうです」と驚かれます。

実はAさんだけではなく、これは親子だけでなく、世界中に蔓延している困った問題なのです。なぜなら、こうした何気ない言葉や罰と脅しの暴力的なネガティブワードから、対立、争い、勝ち負け、非行、暴力、離婚、引きこもり、うつ症状、生活習慣病、はては戦争などのルーツになっていると言って過言ではないのです。ここを看過して幸福な人生や平和な世界が成立するはずがありません。ハピネス心理学が、ハッピーワードを重要視する所以はここにあります。みなさんの言語活動に讃辞苑のハッピーワード貯蓄をしていただけることを願っています。

明るい希望と喜びの社会を築く

ハッピーワード１００選

1 これからはあなたの時代ですね。
2 日本を背負って立つ人ですね。
3 これからの世界に必要な人ですね。
4 王子様、お姫様。
5 いつも素敵ですね。
6 何をしてもきれいなポーズですね。
7 なんでもよくご存知ですね。
8 心のやさしい人ですね。
9 笑顔が素敵です。
10 みんながほめています。
11 みんなから尊敬されておられますね。
12 あなたのお母さんはあなたを誇りに思うでしょう。
13 ～～さんがあなたをほめていましたよ。
14 あなたのそばにいるだけで癒されます。
15 あなたはみんなに必要とされる方ですね。
16 意欲の高い人ですね。

17 ほれぼれします。
18 かわいい。カッコいい、美しい。やさしい。
19 山あり谷ありの人生だったのでしょうね
20 挑戦される姿がすばらしい。
21 賢い、強い、たくましい、男(女)らしい、さすが。
22 人生の先生、お師匠様。
23 小説や映画の主人公のような人生ですね。
24 あなたほど強い人は見たことがありません。
25 大好き。
26 幸せのオーラが輝く人ですね。
27 器の大きい人ですね。
28 あなたが一番！
29 あなたが必要です。
30 世界のだれよりもあなたを愛しています。
31 創造的未来を描ける人ですね。
32 人の力を伸ばせる能力をお持ちの人ですね。
33 遊ぶことは天才ですね。
34 人の上に立つ人ですね。
35 集中力の高い人ですね。

36 だれもマネのできないことをなさる人ですね。
37 頼りがいのある人ですね。
38 歴史をつくる人ですね。
39 人の話を聞いてよく理解のできる人ですね。
40 直感力の鋭い人ですね。
41 勇気ある人ですね。
42 ゆっくりでもいいですよ。
43 奇跡を作れる人ですね。
44 一度記憶したものがスラスラ出せる人ですね。
45 大物ですね。
46 世間の人みんなが、あなたをほめていましたよ。
47 愛のオーラが輝いていますね。
48 だれからもほめられるべき人ですね。
49 夢の中であなたのお母さんがほめていた。
50 あなたのお話がとてもすてきです。
51 ほんとうの幸せをつかむ人。
52 そんなあなたに近づきたい。
53 力強い人。
54 すばらしい才能ですね。

55 すてきな声ですね。

56 声を聞くと癒されます。

57 あなたのそばにいるだけで癒されます。

58 人にはない魅力をお持ちですね。

59 あなたの前ではなんでも話せそう。

60 みんなの憧れの人。

61 さわやかな人。

62 センスのある人。

63 人に喜びを与える方ですね。

64 もっとお話が聞きたいです。

65 人にはない能力をお持ちの方ですね

66 さっぱりした方ですね。

67 心の広い人ですね。

68 仁徳のある方ですね。

69 行動的な方ですね。

70 霊性の高い人ですね。

71 熱意と情熱のある人ですね。

72 リリーフのエースみたいな人。

73 賢者。

74 聡明な方ですね。
75 未来のために生まれてきた人。
76 一生懸命の姿がすばらしい。
77 目に力がある方ですね。
78 あなたがいないとどうにもならないのです。
79 いまあるのはあなたのおかげです。
80 だれからも慕われるお方ですね。
81 ガマン強い人ですね。
82 受容する器の大きい人ですね。
83 スケールのでっかい人ですね。
84 まだまだ向上・成長される方ですね。
85 スターのように輝く人ですね。
86 華のある人ですね。
87 生命力のある人ですね。
88 どんなことしても生き延びる人ですね。
89 何かを生み出す力のある人ですね。
90 社会の求める人ですね。
91 これからまだまだ伸びるお方ですね。
92 一緒に考えていきましょう。

93 ２４時間あなたのことを考えています。
94 ２４時間あなたのことが大好きです。
95 ２４時間あなたのことを愛しています。
96 いつも誰かを応援される心の大きな人ですね。
97 多くの人になくてはならない存在ですね。
98 Yes and でノリのいい応答。
99 一歩先を考える人ですね。
100 みんなから慕われる方ですね。

０１ハッピーワード１００選の使い方

1 任意の番号3つを選択

① 相手の人に ハッピーワード1～１００の任意の番号を3つあげてもらいます。（文面の内容は見せない）

② その番号の文言に、その人の名前を前につけて音読します。

例：ケンジ（ケイ子）さんは天才ですね。これからはケンジ（ケイ子）さんの時代ですね。

例：あなたのお母さんが、あなたを世界一の宝物だとほめていましたよ。

2 今から出会う人へのリスペクト

① 初対面、旧知の人にかかわらず、事前に任意の番号から、文言を引き出して記憶して、あいさつの前後にその言葉を発信します。
② ビジネスのお得意先、仕入先の方をリスペクト発信。
③ 面接試験、面談のときに相手の面接官に発信。

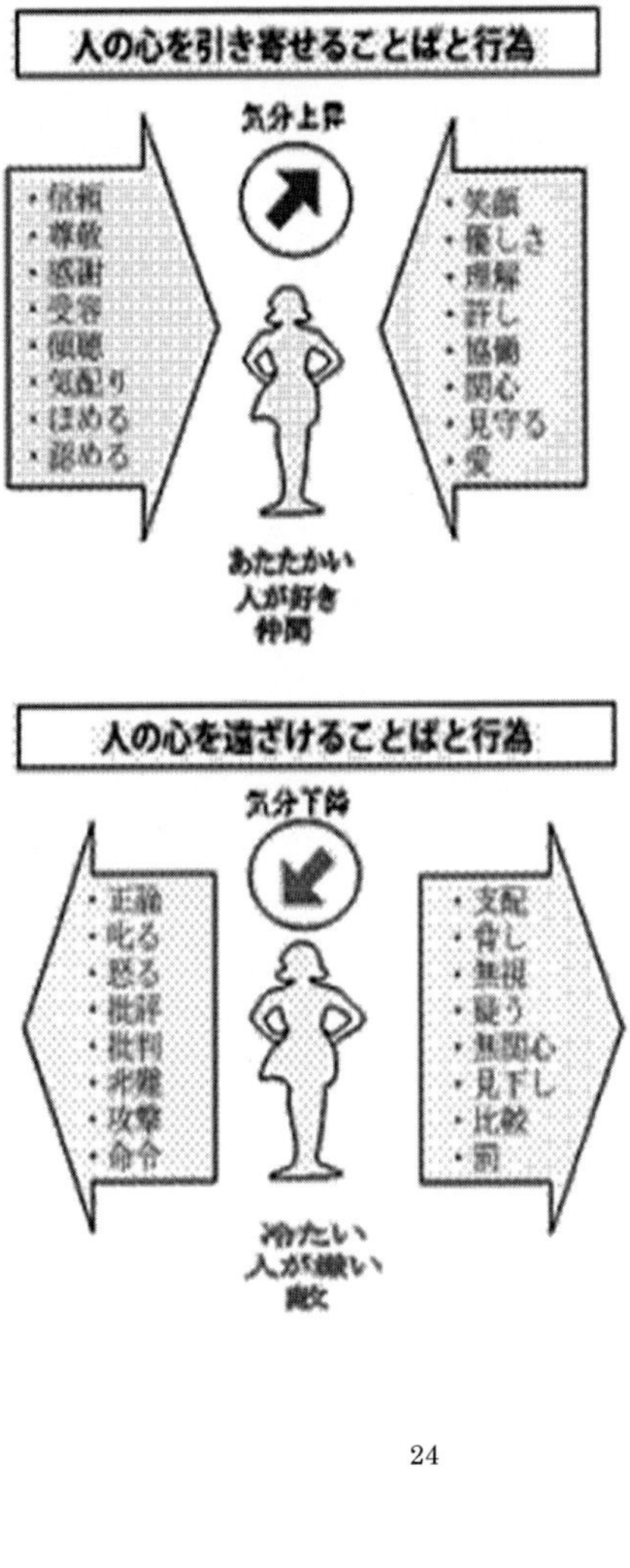

④　お見合いの席で相手の人に、相手のご両親にあいさつするときに。

3　問題解決の導入部に

①　相手の心のスペースを広げて、受け容れの準備を促す。「知人の〜〜がほめていました」「これからの日本を背負う人」「スケールの大きい人」「賢くて強くて、かっこいい人」など。

③　私の意見を少しだけ聴いていただきたいのですが、よろしいでしょうか。

④

4　正論を言うと自己嫌悪に陥る

何かを話そうとするときに正しいと思うことを、無意識のうちに話しだしますが、これが結構トラブルの元になります。ほとんどの人が「正しいこと」を声高に論じ、人間関係を悪化させていくことに気づかないでいるのです。「正論」は、自分が正しいことを相手にわからせようとする言動ですが、それは相手を「無知」「見下し」「無能」、極端にいえば「軽蔑」の姿勢がその裏にあることが感じ取れます。となると聞かされる側は、なんとかしてこの場から逃げるか、また逆ギレして対抗するかの行為をとりたくなります。しかしその雰囲気を見て、正論者は、正しいことがなぜわからないのかと、さらに声を大にして追い打ちをかけようとします。その結果、両者の関係は溝が深まり、嫌いという感情を湧出させることとなります。

こうしたことを繰り返した正論者は「世の中は間違っている。私は間違ったことをしていないし、みんなのためを思ってしているることがだれもわかってくれない」とつぶやきながら、自己嫌悪に陥るばかりか、寂しい孤独な人生を送ることになりかねません。それではどうすればいいのでしょうか。「聴くこと」「わかろうとする」こと以外に道はないのです。だれもが「聴いてほしい」「わかってほしい」と叫んでいることを忘れないでほしいのです。

ことばは両刃の剣ということわざがあるのをご存じかと思います。この２つのパラドックスにあるような「その気持ちわかる」「正論」の２つ簡単なことばでさえ、人の心を傷つけたり、人間関係を悪化させることを知っておいてください。

5　人の心を引き寄せる言葉と行為

＊正と反の対立がトラブルの原因

意思　意見を言う　わかってほしい
　　なぜわかってくれないのか
声大　わからせようとする
感情　イライラ
怒り　力でわからせようとする
　　非難↓攻撃
勝負　罵倒↓暴力、　または逃避・無視、嫌いの感情、逃避　別離

愛と喜びのハッピーワードを発信して、心の容器に愛と希望と喜びの感情に入れ替えていくと、ほんとうの幸せな人生が形成されます。

02　ハッピーワードの効果

1　頑固な人がやさしくなります。

①　頑固な人は人の意見を聞きませんが、ほめられると人が変わったように、聞き分けができ、やさしい面が現れます。

2　トラブルの解決ができるようになります。

①　トラブル↓出来事と心視点の分離

②　意識の変換↓拡張↓収束

③　相互の喜び↓ハッピーサイクル

3　気持ち良いもてなしを受けるために

①　ショッピングや飲食店やコンビニで、役所、銀行、学校、交通機関、ホテルなどの窓口で、キャビンアテンダント、医師、看護師、薬剤師、理学療法士、介護士、教師などに

4　自他の才能を伸ばすために

①　喜びは眠っている才能を目覚めさせます。

②　人に喜びを与えるのも才能を磨かねばなりません。

5　営業の成果を上げる返報性の原理を活性化

① お客様に喜びを生み出すのは人間だけです。

② 喜びは上気分となり、人になんらかのお返しをしたくなる返報性原理が働き始めます。

6　良き仲間、協力者をつくるために

① 仲良くなるということは、相互の接近度力が高まることを言います。

② このもっとも大きな力は「好き」であり、その反対の「嫌い」は回避・排斥力になります。

③ 良き仲間を形成する接近度力を高めるためには、相互にハピリスワードを発信することです。

7　愛のあるあたたかい家庭をつくるために

① 家庭は愛とくつろぎのスペースで、争いや戦いの場所ではありません。お互いにほめ認めてのリスペクトワードを発信すると、心があたためられ、明日のビジネスや学業への英気が高まります。

② 不満や怒りなどのネガティブな感情が減少し、希望的な未来を創造できるようになります。

8　目の前の人の関心事に関心を向ける

幸福な人生とは目の前の人と仲良くすること。

↓そのためには目の前の人の関心事に関心を向けること。それは自己保存本能を喜ばせることになります。

① 人は、自分が何よりも大事と思っています。
② いま直面する事象に関する思いと感情が1番大切。
③ 何よりも自分が1番！！
④ それゆえに発信者は ユーファースト（あなたが1番）の思いと言動が必要です。

9 「かげほめ・・最強のツール

陰で批判や悪口をいうのは「陰口」といいます。その反対の「かげほめ」があります。それは❶直接本人をほめずに第三者Aさんに話し、AさんがBさんに何気なく伝える方法。❷共通の知人があなたをほめていた。❸世間の人みんながあなたをほめていたという表現法があります。

直接本人をほめるのは、2人だけの関係で閉じてしまいますが、第三者に①「あの人を尊敬している」と言う場合は、その情報は巡り巡っていつか本人に「あの人があなたを尊敬していると言っていたよ」という第三者との関係を取り込みながら伝わります。②「Aさんがあなたのことを尊敬していると言っていた」という場合は、Aさんとあなたが本人を尊敬しているというように受け取られます。また世間の人というのは実体がないので誰のことかわからないのですが、聞いている人は、自分の周囲の多くの人がほめてくれていると解釈します。

ふつう、かげほめというと①の方法のことと解釈されますが、ハピネスでは②と③の「Aさん（世間の人）がほめていた」をツールとして用います。このAさんは、共通の知人をさしていますが、相手の人が一番ほめてほしいと思っている人は誰か、を推理して話すのが最強です。

そのほめてほしい人の最上位にいる人は、小さな子どもから高齢者まで、また新入社員から大会社の社長、総理大臣や大統領にも共通する人いったいだれなのでしょうか？

こうしたことを知って、それに対応する「ほめて認めて勇気づけ」の言葉を用意して話を進める必要があります。これらは国語の教科書にない文体ですが、関心事とは何？　共感とは？を知らないと、心の奥底にある思いや感情をうまく引き出せません。

ストレスを抱える人は、自分の関心事「自分が一番」に関心を向けられ、深い共感の場が形成されると、隠されていた内なるポジティブな思いが表面に出てきます。それにはリスペクトメッセージ、またハピリス８要素を、発信し続けることしかありません

■第４章　ハピネス８要素

０１　幸福な人生をつくるためにハピネス８要素

幸福な人生をひとことでいいますと「目の前の人と仲良くすること」で、それを毎日続けることです。それは家族にはじまり、今から出会う人、仕事先、友人・知人・・それらの人と仲良くすることができれば、心身はよどみなく成長し、能力は高まり、仕事の成果が

上がり、幸福と健康、それにお金も向こうからやってくるようになります。

図は・ほめる・認める・信頼・尊敬・感謝・大好き・愛する・傾聴などのハピネス8要素です。

この8つの要素とリスペクトワードを組み合わせると最強のツールになり、どんなトラブルや怒りをも解消することが可能になります。

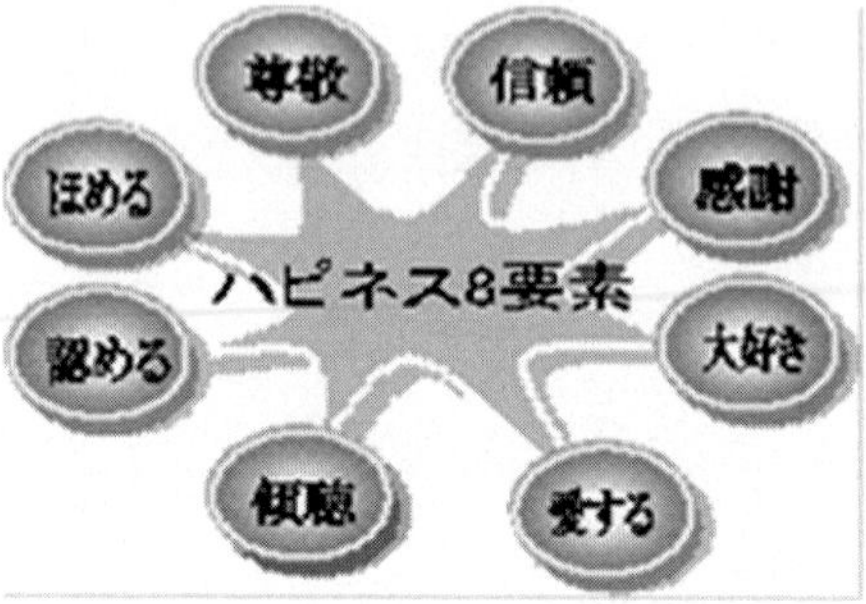

【1　尊敬・尊重】・・・

幸福と成功を目指すかぎり、どんな人でも、どんな場合でも目の前の人を見下したり、軽視したり、軽蔑することをせず、尊敬することが必要です。例：赤ちゃん、ペット、自然石、ボールペンなども。

【2　信頼】・・・

絶対的・無条件で相手を受け入れること。相手が重大な問題や失敗を冒した場合でも信頼という姿勢、問題なしという姿勢を崩したらいけないのです。

【3　感謝】・・

感謝：相手の行為によって、利益や恩恵、メリットが発生したことを積極的に評価することが感謝です。感謝を表す代表的なことばに「ありがとう」がありますが、これは。利益やメリットを受けた側の思いを表していて、相手を喜ばせる度合いは少ないのです。では、どうすればいいのか。それは相手を「ほめて認めて尊敬する」文言から取り出して、そのあとに「ありがとう」で締めくくると、感謝の意が倍増します。

【4　傾聴】・・・

人は何よりも、自分の思いを受けて聴いてくれる人、理解してくれる人を必要としています。しかしただ黙って傾聴して受容してくれる人が少ないのです。たいていの場合、慶弔ではなく「話モード」で聞いていて、「こうすればいい」「私の場合はね・・」と話をさえぎられてしまいます。傾聴してくれる人、受容してくれる人を望んでいるのは、悩んで苦悩する人たちだけでなく、ビジネスや家族との人間関係でも同じです。

【5　ほめる」・・・

条件つけのほめ方ではなく、全体＝心や人生、潜在能力など＝を見てほめることであり、失敗しても、落ち込んでいてもほめることも必要となります。試験で１００点が取れなくて、３０点でもほめるのがハピリスなのです。

【6　認める】・・・

その人の存在や価値を認めることです。「これからはあなたの時代ですね」「日本を背負って立つ人ですね」「山あり谷ありの人生を乗り越えてこられたのですね」これらのことばの中に信頼・尊敬の念が含まれていて、その人の内面に「認められた」という喜びを与えることとなります。

【7　大好き】・・・

認めてほめる。また尊敬するなどは言動ですが、「大好き」は感情です。人の心は感情が揺れると思考の働きが弱くなります。大好きという言葉は論理のガードを乗り越えて心に喜びが染み入ります。

【8　愛している】・・・

愛とは**「欠けているものが満たされる時に感じる感情である」**とギリシャのソクラテスとプラトンの対話の中に書かれています。欠けているものを満たしてくれる愛のルーツは、母の愛です。そして、成長してそれを他に求めて彷徨（さまよう）のが私たちの人生です。愛の欠落は、劣等感・敗北恐怖症に結びつき、さまざまな問題行動やトラブルの原因になっていきます。

■第5章 讃辞苑ワード・ご連絡セレクション

プラチナワード
&
プレミアムワード

第3章のハッピーワード100選をベースにして、個人向け・企業向けの動画配信を作成しています。今後、高齢者向け、子育てママ向け、医療介護向けなどを計画しています。その一部を紹介しますので、興味と関心のある方は筆者までお問合せください。

美しく輝く女性向け　プラチナワード

愛&喜びプレゼント

０１　愛と喜びのプラチナワード

今日の言葉のプレゼントは「輝き」です。
あなたはいつも特別に輝いておられますね。
その輝きは美しくあたたかい心から出てくるのでしょうか。
あなたのような心の輝きを持つ人が増えると
この病んだ惑星もきっと癒されることでしょう。
今日出会う人に、明るい輝きをシャワーのように浴びせてあげてください。
今日のあなたに幸福な１日が訪れますように。

０２　愛と喜びのプラチナワード

今日の言葉のプレゼントは「希望」です。
希望とは明るく輝くあなたの未来のイメージです。
あなたは無限の才能と能力を天からいただいて生まれてこられました。
その力を信頼して、磨いていけば、希望する世界はあなたのものになりますよね。
今日出会う人に「希望を与える人ですね」と語りかけてあげてください。
今日のあなたが希望をかなえる人になれますように。

03　愛と喜びのプラチナワード

今日の言葉のプレゼントは「活躍」です。

人生というドラマはいろいろなステージが用意されています。

あなたは一つの役柄だけでなく、いろいろなステージで活躍される人ですね。

そんな生き方は簡単にできるものではありません。

そのエネルギーはどこから出てくるのでしょうか。

周囲の人たちは、あなたは憧れの存在でしょうね。

あなたの活躍が、周りの人を幸せに与しますように。

04　愛と喜びのプラチナワード

今日の言葉のプレゼントは「かわいい」です。

「かわいい」は赤ちゃんのように小さくて丸い形を表現するだけでなく、料理や車や建物、また賢いとか面白い人、ときには怒る人にまで広げて、「かわいい」で表現する現代語です。

「かわいい」というやわらかい響きは、ほっこりするやさしさがあります。

これから出会う人に「かわいい人」ですねと声をかけていきましょう。

今日もかわいい1日となりますように。

05　愛と喜びのプラチナワード

今日の言葉のプレゼントは「花」です。
花をめでる時、たった一輪の花であっても
こんなにも美しい花を作ったのはいったい誰？
そんなことを考えてことはありませんか。
人はだれでも「花のように美しい」「花のように香しい」とか
「花のように明るい人」といわれると心は喜びときめきますね。
これから出会う人に「花のように素敵な人」と称えてあげてください。
今日のあなたがさらに輝きを増しますように。　187

06　愛と喜びのプラチナワード

今日の言葉のプレゼントは「ヒロイン」です。
山あり谷ありのあなたの人生を小説やアニメにしたら
きっとベストセラーになるのではないでしょうか。
そんなドラマチックなヒロインのあなたはすばらしい名女優ですね。
この世の人たちはだれもがドラマチックです。
これから出会う人に「あなたは小説やアニメのヒロインのようですね」と
話しかけてみてください。
今日の1日がより楽しくなりますように。

０７　愛と喜びのプラチナワード

今日の言葉のプレゼントは「やさしさ」です。
現代社会は勝ち負けを争う冷たい競争社会です。
この社会で多くの人が求めるのは温かい「やさしさ」です。
人と仲良くして楽しく生きるために欠かせないものですね。
これから出会う人に「やさしい人ですね」と語りかけ、
心の中にあるあたたかい「やさしさ」を引き出してあげてください。
今日のあなたがよりやさしい人になるために。

０８　愛と喜びのプラチナワード

今日の言葉のプレゼントは「愛」です。
愛とは「足りないものが満たされるときに感じる感情」とは
プラトンの明言です。
人間だけが感じるワクワク、ドキドキする情動が愛なのです。
女性の愛の欲求は広く深く、美しいもの～かわいいもの～大自然～
・・・究極は永遠の愛ですね。
今日出会う人に「広く深い愛をお持ちですね」と語りかけてください。
明日のあなたが愛ある人でありますように。

０９　愛と喜びのプラチナワード

今日の言葉のプレゼントは「言葉」です。
例えば「きれいな海」という言葉を聞いたときに
どんなイメージが浮かんできますか。
澄み切った青い空と海、砂浜と松林、
それに磯の香りと波の音まで聞こえてきますね。
すてきな言葉は、すてきなイメージを作り出し気分が爽快となります。
今から出会う人に明るくポジティブな言葉を使っていきましょう。
明日のあなたの幸せが舞い込んできますように。

１０　愛と喜びのプラチナワード10

今日の言葉のプレゼントは「笑顔」です。
あなたの笑顔は天使のように人の心をやわらげ、
にっこりさせる力をお持ちですね。
不安や不満があふれる社会に必要なのは
お金や薬ではなくあなたのやさしい笑顔なのです。
これから出会う人に天使のような笑顔で接してあげてください。
一瞬で心が洗われるように気分よくなられることでしょう。
明日の幸福な社会が実現できますように

１１　愛と喜びのプラチナワード

今日の言葉のプレゼントは「調和」です。

令和の元号の深い意味は美しい調和と平和だそうです。

あなたのふだんの気配りやもてなしのふるまいは、

令和の時代の申し子のようですね。

そのような思いと行動は心ある人に伝染していきます。

これから出会う人に「調和」を考える人ですねと

声をかけていきましょう。

明日のあなたの理想が実現できますように。

１２　愛と喜びのプラチナワード

今日の言葉のプレゼントは「向上心」です。

高い目標に向かって進むあなたは

日々向上の道を歩んでおられるのですね。

簡単そうに見えることでもそれを実行するのは、

人にはない高い精神の向上心をお持ちだからでしょうね。

これから出会う人に「向上心がすごいですね」と

勇気づけてあげてください。

明日の幸せな仲間を増やし、すばらしい人生を送るために。

１３　愛と喜びのプラチナワード

今日の言葉のプレゼントは「慈しみ」です。
慈しみとは「無償の愛」や「可愛がる」
また「相手を思いやる」という意味があります。
あなたの印象を一口でいうと「慈しみ深い方」です。
多くの人は相手を思いやる心を持つ人に引き寄せられます。
あなたの口から「慈しみを感じます」と言われると、
相手の人は慈しみ深い人に変わっていきます。
明日のあなたがさらに幸せになりますように。　172

１４　愛と喜びのプラチナワード

今日の言葉のプレゼントは「華やか」です。
あなたの笑顔はとても華やかな雰囲気がありますね。
そのオーラはやさしさとあたたかさを持つ光を放っています。
癒しを求める人たちの心は、あなたの華やかな笑顔に接して
明るさが増していくでしょう。
これから出会う人に「華やかな笑顔」「華やかな雰囲気」と
声をかけてあげてください。
明日のあなたがさらに華やかになりますように。

１５ 愛と喜びのプラチナワード

今日の言葉のプレゼントは「淑やか」です。
日本人の民度の高さは世界一といわれています。
それは他者へのあたたかい思いやりや、礼儀や言葉使いに表れています。
あなたの何気ないふるまいは「淑やか」そのもの、日本人の誇りです。
今日出会う人に「お淑やかな方」とほめてあげてください。
やさしさやあたたかさが引き出されてくることでしょう。
明日のあなたがさらに幸せになりますように。　182

成功するビジネスパーソン向けプレミアム・ワード

01　成功と幸福へのプレミアムワード

おはようございます。

日本の未来を明るくするあなたは、無限の能力を持って生まれて来られましたね。

今日の一言は「無限の能力」です。

今日もその能力を少しでも高め、磨いていってください。

今日は「無限の能力を持っている」と、あなた自身に、

また出会う人に語りかけることを実践しましょう。それが幸福と成功の種蒔きとなります。

今日のあなたがもっと輝きますように。

02　成功と幸福へのプレミアムワード

おはようございます。日本の未来を明るくするあなたへ、

今日の一言は＜これからの時代に必要な人＞です。

あなたは時代に期待される重要な人です。

内なる力を自分で磨いて、これからの社会や時代の求める人になりましょう。

あなた自身に、そして出会う人に「これからの時代に必要な人」と

語りかけていってください。

今日のあなたがもっと輝きますように。

03　成功と幸福へのプレミアムワード

おはようございます。日本の未来を明るくするあなたへ。
今日の一言は＜輝く人＞です。
あなたはいつでもどこでも輝いているすばらしい人ですね。
それは内面も外面も高いエネルギーをもっている証拠です。
今日は自分自身に「輝く人」と語りかけ、
これから出会う人にも「輝く人ですね」と語りかけてください。
あなたがもっとすばらしくなられることを願っています。

04　成功と幸福へのプレミアムワード

おはようございます。日本の未来を明るくするあなたへ。
今日の一言は＜誰からも慕われる人＞です。
強さとやさしさと包容力を併せ持つあなたは、
誰からも慕われる魅力ある人ですね。
そういう人だからこそ仕事の成果が上がるのです。
今日はあなた自身と、出会う人に
「誰からも慕われる魅力ある人」という言葉を贈ってあげてください。
今日も張り切ってまいりましょう

０５　成功と幸福へのプレミアムワード

おはようございます。
日本の未来を明るくするあなたへ、今日の一言は＜喜び＞です。
あなたは人に喜びを与える能力のある人ですね。
今日はその能力を最大限に発揮して、仕事や家庭に注ぎ込んでください。
喜びを感じた人から、喜びの言葉や素敵なギフトが舞い込んでくるでしょう。
今日はあなた自身に、そして出会う人に「喜びの言葉」を届けて
相互の繁栄と幸せをゲットしましょう。

０６　成功と幸福へのプレミアムワード

おはようございます。
日本の未来を明るくするあなたへ、今日の一言は『幸運』です。
あなたは「幸運」を呼び込む力を持つ人ですね。
それは小さな幸運を積み重ねてきた結果に違いありません。
小さな幸運は毎日出会う人や、小さな出来事の中に潜んでいます。
今日はあなた自身に、これから出会う人に「幸運」という言葉を発信して、
幸運の種を蒔き、大きな幸運を手に入れてください。

07　成功と幸福へのプレミアムワード

おはようございます。
日本の未来を明るくするあなたへ、今日の一言は『慕われる人』です。
あなたは「誰からも慕われる人」と言われると
どんな気持ちになりますか？
「慕われる」とは好意を持たれることです。
そう言われると気分がよくなり、自然に好意を持って接するようになりますよね。
今日は自分自身に、また出会う人に「慕われる人」を発信し、
相互の気分を高めることを目標にしましょう。

08　成功と幸福へのプレミアムワード

おはようございます。
日本の未来を明るくするあなたへ、
今日の一言は『爽やか』です。
あなたの爽やかな笑顔と言葉、爽やかなふるまいはとてもすてきです。
今日は自分自身に、そして出会う人に「爽やかなお方」と話しかけてください。
ぱっと心も表情も穏やかになり、会話もはずむことでしょう。
あなたの爽やかな笑顔と言葉は、周りの人を幸せにします。

０９　成功と幸福へのプレミアムワード

おはようございます。
日本の未来を明るくするあなたへ、
今日の一言は『挑戦』です。
あなたはいつも挑戦を続けてきた人ですね。
もし逃げていたら現在のあなたとはまったく違った人になっていることでしょう。
これからもさらに高い目標に向かって「挑戦」を続けてください。
今日は自分自身に、そして出会う人に「挑戦する姿がすばらしい」と声をかけて
幸福と成功を手に入れてください。

１０　成功と幸福へのプレミアムワード

おはようございます。
日本の未来を明るくするあなたへ、今日の一言は『意欲』です。
もっと成功したい、もっと幸せに、もっとお金持ちに、もっと強くなど
この世はもっともっと・・であふれ、怒りや不満も「意欲」の変化形です。
これらはすべて人間の成長・向上への意欲なのです。
出会う人に「とても意欲的なお方ですね」と声をかけると
その人の明るい部分が輝き始めます。

１１　成功と幸福へのプレミアムワード

おはようございます。
日本の未来を明るくするあなたへ、今日の一言は『創造』です。
時の経過とともに環境はどんどん変わっていきます。
旧態のままでいると時代に取り残されてしまいます。
そんなときに必要なのは創造的な思考と行動です。
つねにあなたの創造力を磨いて、高い目標に挑戦して、
実りある人生を創造していってください。
あなたの未来がもっと輝きますように。　172

１２　成功と幸福へのプレミアムワード

おはようございます。
日本の未来を明るくするあなたへ、今日の一言は『輝き』です。
多くの人は明るい輝きを放つ人を待ち望んでいます。
この世はストレス社会、悩んだり落ち込むことも少なくありません。
明るい輝きを持つあなたの力を必要としています。
明るい言葉、明るい笑顔、明るいふるまいで
周りの人を勇気づけしていってください。
あなたの周りがもっと輝きますように。

１３　成功と幸福へのプレミアムワード

おはようございます。
日本の未来を明るくするあなたへ、今日の一言は『注目』です。
あなたの存在はまわりの人から注目が集まりますね。
ふだんの実行力や、すぐれた言葉や行動、
また思いやりの心があるからこそでしょうね。
それは人生で培ってきた大きな財産です。
その財産を磨いてさらに注目を浴びる人になっていってください。
明日のあなたがもっと幸福になりますように。　173

１４　成功と幸福へのプレミアムワード

おはようございます。
日本の未来を明るくするあなたへ、今日の一言は『トライ』です。
目的に向かって歩き出すときを考えてみてください。
ロボットは意思がありませんが、
何気ない一歩も実は未来に向かってトライしているのです。
人生は止まることのないトライの連続です。
今日もまた新たな希望に向かってトライしていきましょう。
あすのあなたがもっと幸福になりますように。

1 5　成功と幸福へのプレミアムワード

おはようございます。
日本の未来を明るくするあなたへ、今日の一言は『先読み』です。
将棋の藤井聡太くんは 30 手先を読むそうですが
ビジネスや人生で 30 手先を読んで計画を立てることができれば、
どんな無理難題でも成功するでしょうね。
これまでに 5 手先を考えて行動していたとすると、
もう 1 手、もう 3 手先を読んで計画を立ててください。
成長路線を歩むあなたなら 5 手、10 手を先読みできるでしょうね。
明日のあなたがもっと成功できますように。

2　期待される効果

・喜びは、脳内で幸福物質と呼ばれるドーパミン、セロトニン、オキシトシン、βエンドルフインなどの神経ペプチドが分泌され、脳の働き、筋肉、内臓が活性化する。
・喜びは、上機嫌、上気分にさせ他者からの好感度、接近度を高める。
・自己肯定感を高め、劣等感と敗北恐怖感を低下させる。
・精神が安定し、メンタル強化を促進させる。

・社員や家族が同じ言葉を聞くことにより、共感・理解が深まる。
・精神の総合的なレベルが上がり、良好な人間関係が構築される。
・顧客満足度を高めることが必然的に起きる。
・新規顧客へのアプローチが容易にできるようになる。
・モラルアップ、離職や不登校防止対策の一環として活用する。
・指導者、両親からのほめ言葉を毎日聞くことにより、ほめ言葉の学習と実践を習慣化。
・会社や学校内外の活動や、家族への自然な広がりにより、よりよい環境へと発展。
・トラブルやミスがなくなる。
・営業成績、学業成績が向上する。

備考／

＊教訓や訓示は、発言者側の理想（正論）での押し付けとなり、上から目線の見下し・蔑視の姿勢になるため、聞き手の心に喜びは生まれない。
＊聞き手にとって「正論」は「叱る・怒る」と同じカテゴリーに分類され、聞きたくない、その場から逃げたいという心情が生まれる。
＊怒り、罰、脅しは強い力で即効性があるが、反感や怒りや恨みを発生させる。ほめて認めて勇気づけは、相互に喜びの共感を生み出し、相互の能力を向上させる。

暴言・暴力により萎縮する脳

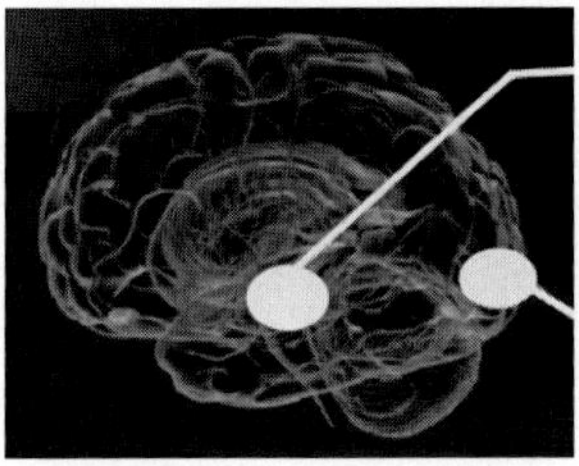

暴言・虐待＞視覚野の変形。スピーチ、言語、コミュニケーションに重要な役割を果す領域

ＤＶ、暴言で視覚野の現象資格により情報を最初にキャッチする領域。

厚生労働省「愛の鞭ゼロ作戦」福井大学友田明美教授
激しい体罰による前頭前野の萎縮──幼少期に厳しい体罰を長期にわたり受けると、感情や理性をつかさどる「前頭前野」が約19%萎縮する。(2) 暴言虐待による聴覚野の拡大──幼少期に暴言による虐待を受けると、会話や言語の領域「聴覚野」が約14%拡大する。(20154.27　AERAより)

＊参考資料（１）

怒りと暴言で脳や筋肉が萎縮する

厚労省は２０１７年に「愛のムチゼロ作戦」という体罰・暴言・パワハラ制止を呼びかけました。そのときに使われたデータは脳科学者友田明美教授（福井大学）の研究論文でした。

脳に「萎縮」や「変形」を起こすこともあるという体罰や暴言の危険性とは？　一見、子どものしつけに即効の効果がありそうな「体罰」と「怒り」「暴言」は愛の鞭とか、しつけのために必要だといわれています。しかし、それは恐怖と脅しによって子どもをコ

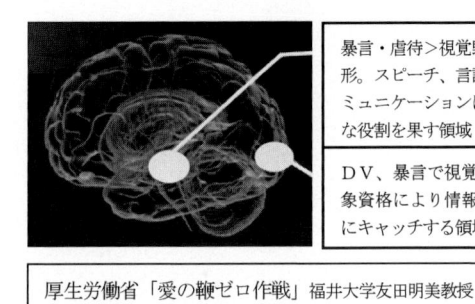

ントロールしようとする詭弁なのです。

体罰・暴言、それに暴力は恐怖を覚えるのですが、「なぜ叱られたのか」を理解ができないことが多いのです。また、与えた方は「愛の鞭」のつもりでも、いつの間にか「虐待」へとエスカレートしてしまい、暴力事件や虐待事件になっていきます。

（福井大学子どものこころの発達研究センター教授・友田明美先生の研究より）

約16万人分のデータに基づき、体罰を受けた子どもは、「親子関係の悪化」「精神的な問題の発生」「反社会的な行動の増加」「攻撃性の増加」などの「望ましくない影響」が大きいことが報告されています。

●リハビリ専門家の「ほめる」効果

脳卒中リハビリの世界的権威、ブルース・ドブキン教授（UCLA神経リハビリテーション科）は、ほめることが、最新のリハビリ理論や機器にも、これほどの効果をあげるのは容易ではないと驚きの声をあげたそうです。

実験の結果が明らかになったとき、教授は自分の目を疑い、集計を担当したスタッフに再確認したといわれます。

リハビリのデータは、10秒間に何メートル歩けるのか

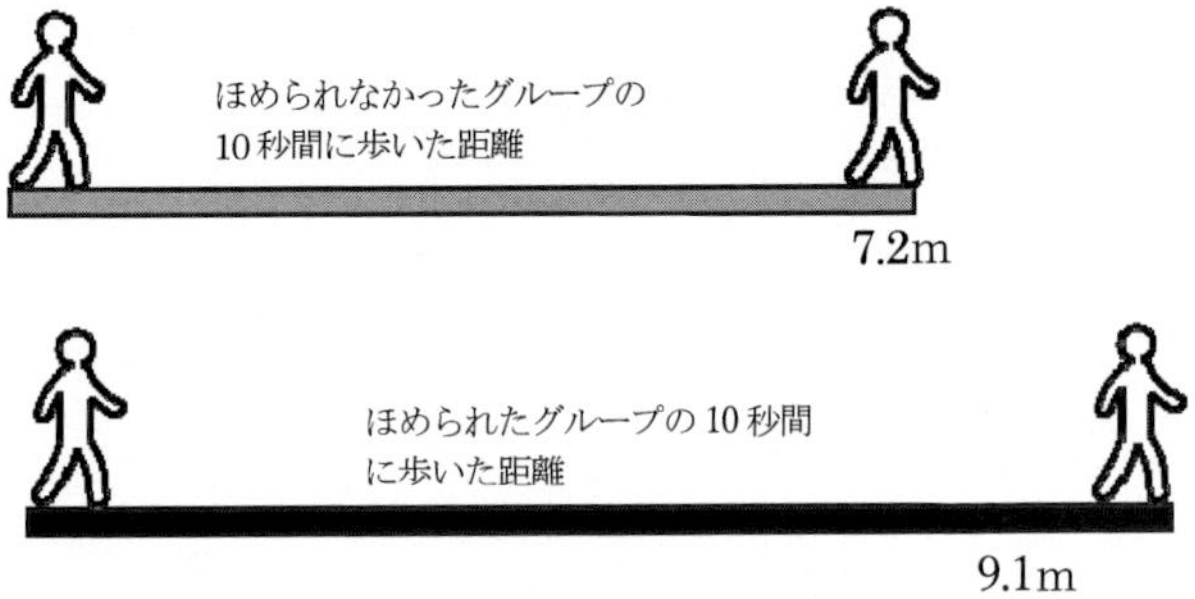

	DRS, Mean (SD), 95% CI	NRS, Mean (SD), 95% CI	*P* Value
Walking speed (m/s)	0.91 (0.57), 0.21, 2.03	0.72 (0.44), 0.14, 1.58	.01
Length of rehabilitation stay (days)	42.8 (34.7)	40.4 (28.7)	.62
Walking distance (m)	131.9 (75.4)	112.2 (61.0)	.09
FAC≥4	36%	24%	.12

Abbreviations: SD, standard deviation; DRS, daily reinforcement of walking speed; NRS, no reinforcement of walking
CI, confidence interval; FAC, Functional Ambulation Classification.

を調べたテストの結果です。ほめられたグループは、１０秒間で９・１ｍ歩けるようになった一方で、ほめられなかったグループは７・２ｍに止どまりました。

リハビリ開始前からの改善効果は**およそ１８０％増加。**全く同じ内容のリハビリをしたのに、結果には大きな違いがあらわれたのです。歩く距離は、筋肉の動きや生活の質、また回復への心理状態に大きく関係します。

ブルース・ドブキン博士

＊参考資料（2）

笑顔の効果測定

カリフォルニア大学サンフランシスコ校のポール・エクマン博士はうわべの感情が身体に影響をおよぼすかを、演劇俳優に依頼して、演技中における表情が身体にどのような影響を与えるのかデータを集めました。実験に参加してくれた俳優に、驚き・嫌悪・悲しみ・怒り・恐れ・幸福感を表現させて、心臓の拍動数と皮膚温の変化を測定すると、肯定的（ポジティブ）な感情と否定的（ネガティブ）な感情とを区別することができたばかりではなく、その測定値から俳優の演じている感情の内容までも識別することができました。

そのとき身体はどのように反応したかというと、嫌悪感の表現では俳優の拍動数と皮膚温は下がり、肯定的感情のときには拍動数・皮膚温ともに上昇しました。みせかけの演技での感情表現であっても、多彩な生体反応を制御している不随意の自律神経系に大きな影響をおよぼすと同時に、免疫系の制御または活性化することを立証しました。（スティーブン・ロック、ダグラス・コリガン著「内なる治癒力」より）

*参考資料（3）

言葉の力で行動が変わる。

米国エール大学の心理学者ジョン・バーグ博士が行ったものです。学生を2つのグループに分け、一方のグループの単語のリストには、「友達がいないので寂しい」「あいつのせいでイライラする」「また怒られたいやになる」「疲れてぐったり。やる気が起きない」「毎日がおもしろくない」というネガティブな単語を使って文章を作成してもらいます。そして、もう一方のグループには、ポジティブな単語が入っています。

記入が終わった後、学生たちは実験会場から出て10メートル移動にかかる時間を測定しました。

ネガティブな単語が入っていたグループと、そうでないグループでは違いがあったのです。

ネガティブな単語で文章を作ったグループが約8秒の時間がかかったのに対して、もう一方のグルー

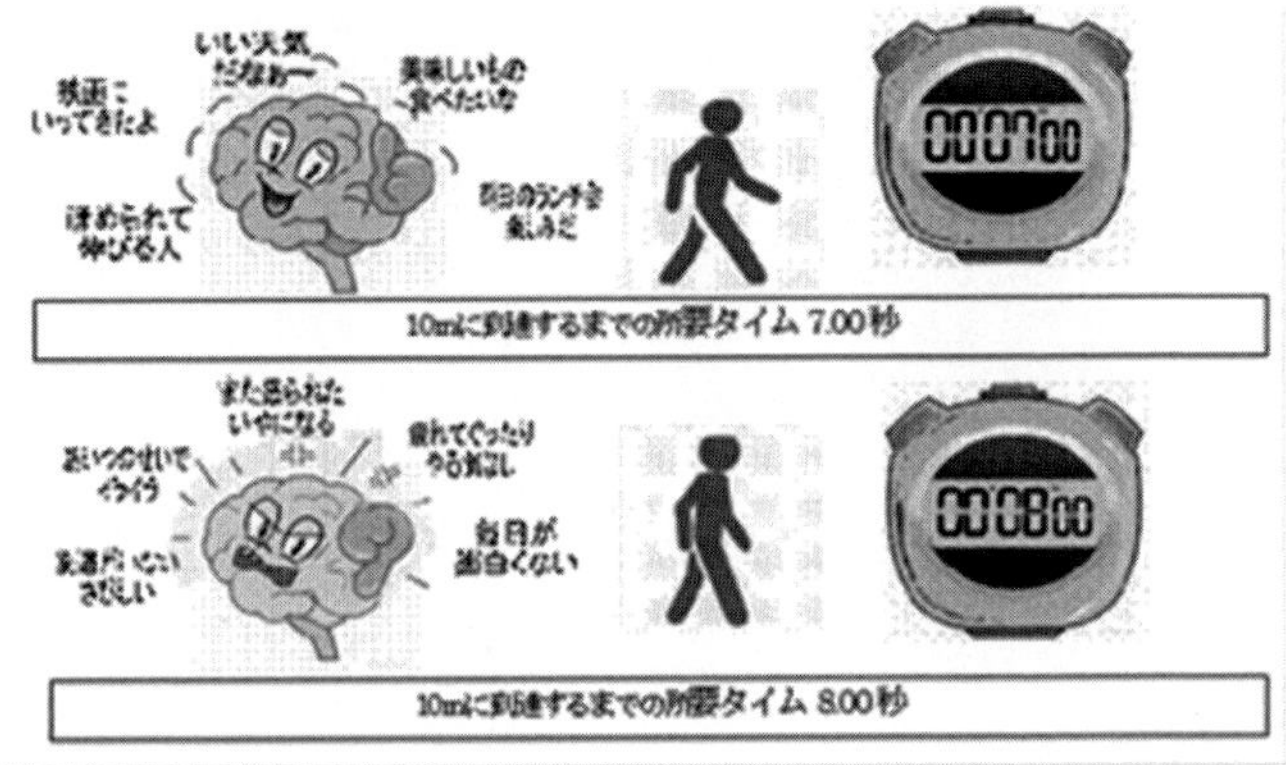

プは約7秒でした。つまり、テストのほめ言葉が、実際の行動に影響を与えていたということがわかりました。

◆讃辞苑はこんな方におすすめです。

・年齢性別関係なく、よりよい人間関係を構築し、強いメンタル形成を求める方、
・頭脳の活性、集中力の向上、身体能力の向上、
・恋愛、結婚、家族、人生を愛と喜びに満ちた生き方を望む方。
・怒りや不安、悲しみを喜びに変える技術を得たい方。
・争いやトラブルを防止し、相互の喜びで解決する方法を学びたい方。
・この病んだ惑星を明るく平和に健康にしたいと考える方。

◆讃辞苑の学び方

●ハピネス心理学セミナーにて／京都、大阪、兵庫、愛知、福岡、佐賀などでハピネス心理学セミナーにて、またはオンラインで受講もできます。
●讃辞苑アプリにて動画配信を行っています。
●讃辞苑 [Tubu] を YouTube にて行っています（無料）

宮崎　英二

自動車メーカー研究開発部勤務後、広告代理店を経て社会と企業という事や、心理学を学ぶ。１９９５年より人間関係の問題解決と言葉の研究を推進。人生の幸せと成功のカギは母と子の言葉の有り方が最重要であり、その延長線上に成人～高齢者のネガティブな言語が常態化されているとがわかり、それを修正するリバースプログラムを開発。これによりあらゆるトラブルやストレスを喜びに変える理論と技法を開発。

２０１０年からほめて認めて勇気づけの言葉の収集を始め、約２０００の単語と短文のデータをもとに、セミナーや個人またはグループカウンセリングなどを実施。今後も世界に類のない数の讃辞言語を編集してよりよい讃辞苑作成を進めていきます。

讃辞苑

2023 年 12 月 10 日　初版発行

著　者　宮崎英二

印　刷　スピード冊子印刷.com

発行者　原　忠

発　行　京都府南丹市日吉町四ツ谷柏木 14　(株)竜王文庫

TEL : 0771-73-0602

この本の内容についてのお問い合わせは

em.michel322@gmail.com（宮崎英二）へお願いします。

ISBN978-4-89741-551-2　C0011 ¥1000E